¡Oye, Papá!

¡Juguemos a cachar la pelota!

por
Harold Theurer, Jr.

illustraciones de William Baxter Bledsoe

Traducción del inglés al español del título original
'Hey Dad, Let's have a Catch!' por Maité Iracheta

Nací en Brooklyn, Nueva York, en una época en que los juegos de video todavía no se inventaban. Las únicas tarjetas que intercambiábamos eran de béisbol y uno de los mejores juguetes que un niño podía tener era una pelota rosa, que fuera goma. Me encantaba jugar a la pelota con mis amigos o arrojarla contra la pared, pero siempre había algo muy especial cuando jugaba a la pelota con mi papá.

Mi papá tenía dos trabajos, uno de día y otro de noche. Lo veía muy poco durante la semana, pero no me importaba. Todos los días al mediodía yo lo esperaba a que llegara a casa para cenar, bañarse y tomar una pequeña siesta antes de salir a su trabajo nocturno.

Aún antes de que comenzara a subir los escalones de nuestro edificio, yo le preguntaba, "¿Cinco minutos de pelota, papá?". Él casi nunca decía que no, y en ocasiones esos cinco minutos se convertían en quince. Aunque entonces, por desgracia, se quedaba sin su siesta.

Al principio yo no sabía cacharla ni lanzarla bien. Nos parábamos cerca el uno del otro y sus lanzamientos eran suaves, dirigidos a mis manos. A veces yo cachaba la pelota pero la mayoría de las veces se me escurría de las manos. "¡Bien hecho! ¡La cachaste!" ó "Sigue intentándolo! ¡Lo lograrás!", me decía.

Mis lanzamientos no eran tan directos. En ocasiones giraban y rebotaban lejos de mi Papá. Yo veía con horror cómo mi pelota de goma rosa se perdía a toda prisa por la calle hacia el hoyo negro del no retorno, mejor conocido como la alcantarilla de la esquina. Pero mi papá rescataba la pelota de esa cueva acuosa. Parecía no molestarle.

Cuando mejoré al cachar y lanzar, la pelota de goma
rosa fue reemplazada por una pelota de béisbol y un
guante. Siempre recordaré el olor de ese nuevo guante de
cuero crudo y del aceite que usábamos para suavizarlo.
Al paso de los años ya no nos parábamos tan cerca el
uno del otro. Cuando me empecé a sentir más cómodo
con el guante le pedí, "Lánzame la pelota más arriba en
el aire, Papá". Y así lo hizo.

Cuando la pelota se detenía por un instante en el aire en ese punto más alto de su arco y comenzaba su descenso mi Papá decía, "¡Pónte abajo! ¡Pónte abajo!" Si lo hacía y la pelota se estrellaba contra mi guante yo podía oír esas palabras mágicas, "Bien cachada". Espero que mi sonrisa haya sido tan amplia como la que se dibujaba en su cara por no haber tenido que correr detrás de lanzamientos malos. Además del chasquido de la pelota estrellándose en nuestros guantes, todo lo que uno podía escuchar era, "Bien cachada", ó "Bien lanzada".

Estas conversaciones e intercambios de latiguillos de cinco minutos eran memorables porque sucedían cuando él realmente no tenía tiempo que compartir.

Tal vez él no estaba tan presente en mi vida como los papás de mis amigos que solo tenían un trabajo, pero yo sabía que siempre podía contar con él. Y además podía soñar con los próximos "intercambios" que tendríamos juntos.

Cuando crecí ya no intercambiábamos tantos lanzamientos. Una que otra vez, yo levantaba la pelota del patio y se la lanzaba solo para divertirnos. Media hora más tarde parábamos, igual que en los viejos tiempos, pero el "Bien parada" y "Bien lanzada" ya no eran necesarios. Los lanzamientos eran muy elocuentes, igual que la sonrisa de su cara.

En Julio 9 de 1990 mi Papá cumplió 73 años. Hicimos una barbacoa, le cantamos "Feliz Cumpleaños" y cortamos el pastel. Cuando mi mamá y mi esposa se metieron a la casa, yo levanté una pelota de tenis y nos la empezamos a lanzar. Esta vez no pude lanzarla tan fuerte, además me aseguré de que mi papá no tuviera que correr tras ella. No hablamos ni una sola palabra, tan solo se oía el ritmo de los caches y los lanzamientos de la pelota. Nos paramos muy cerca el uno del otro y aún tengo recuerdos de éste, nuestro último juego de cachar la pelota.

Cinco años más tarde me convertí en papá. No podía esperar a que mi hijo comenzara a caminar y a hablar. Aparte de otros muchos juguetes, me aseguré de comprarle una pelota de goma rosa. No pasó mucho tiempo antes de que empezáramos a jugar a cachar la pelota.

Al principio él no la cachaba ni la lanzaba bien. Nos parábamos cerca uno del otro y mis lanzamientos eran suaves, dirigidos a sus manos. A veces él cachaba la pelota, pero la mayoría de las veces se le escurría de las manos. "¡Bien hecho! ¡La cachaste!" ó "Sigue intentándolo!", solía decirle. Sus lanzamientos no eran tan directos y con frecuencia tenía que correr tras la pelota en el garaje. No me molestaba hacerlo.

Cuando mi hijo creció, la pelota de goma rosa fue remplazada por una pelota de béisbol y un guante. El aceite que usábamos para suavizarlo no ha cambiado. Recientemente me pidió, "Lánzame la pelota más alta en el aire, papá". Y así lo hago. Cuando la pelota se detiene por un instante en la parte más alta de su arco y comienza su descenso le digo, "Pónte abajo. Pónte abajo".

Aparte del chasquido de la pelota al pegar en el guante, se puede escuchar todavía lo que parece ser el eco de "Bien cachada", "Bien lanzada". Espero que la sonrisa en mi cara sea tan amplia como la suya. La "conversación" no ha cambiado, solo el padre y el hijo. Ahora ya he jugado los dos roles. Me pregunto si los caches y los lanzamientos son tan elocuentes para él. Llegará un día en que a él le toque pasar la pelota.

Dedicaciones

Para:

Papá - Harold J. Theurer, un verdadero caballero.
...y Anne, una madre devota que lanzó
una curva media.

Con Amor:
Para Lynne por su amor y apoyo
y Harold Eric, por seguir "cachando".
Me enorgulleces mucho.

Garcias a Hayden y Huffman -- ustedes nunca
dejan de enseñar.

Harold Theurer, Jr.

Para:

My esposa Jennifer y mis hijos Cassity,
Will y Greyson.

Agradecimientos especiales a:
Larry y Anita, y Joe Huffman

Para Johnny Lucas "Grand Daddy".

William Baxter Bledsoe

Muchísimas gracias a:

Greyson Bledsoe, Harold Theurer III, Harold y Lynne Theurer, Johnnie Sue y
Isabelle Hawley, Bradd Porter, Joe Huffman (por todo su ánimo), Frankie
Michaels, Baxter Johnson Bledsoe, Matthew Chandley, Larry y Anita Michaels
(gracias y más gracias), Mr. Rupert (en homenaje), Angela Cyrus, Mr. Garland Thayer (por
tu liderazgo y ejemplo), Edward Mattie, T.L., Hollie y los FedexKinkos Team,
Rebecca Isabelle, Marilyn Buchannan y Wayne Dyer.

Gracias de nuevo - Bill

Final de diseño y producción:
Edward Mattie

Published by Column Hall Concepts, LLC.
P.O. Box 090263 Brooklyn, NY 11209
Text copyright ©2005 by Harold Theurer, Jr.
Illustrations ©2006 by William Baxter Bledsoe
All rights reserved

Requests for permission to make copies of any part of the work should be mailed to:
Column Hall Concepts, LLC
217-82nd Street, Brooklyn, NY 11209

Library of Congress Cataloging and Publication Data
Theurer, Jr., Harold
Hey Dad! Let's Have a Catch, by Harold Theurer, Jr.
Illustrated by William Baxter Bledsoe - 1st ed.

p. :ill: cm ISBN: 0-9786584-1-8

1. Playing Catch-non fiction 2. Brooklyn, NY - non fiction
1. Theurer, Harold Jr. 2. Bledsoe, William Baxter, ill.IV.Title

Second Edition
1098765432

Printed in the United States. The illustrations were rendered in watercolor wash over graphite on hot press
watercolor paper. The text was set in Times New Roman.